AF391233

EDIT DV ROY,

portant alienation de quatre-vingts mil liures de Rente, sur les Aydes.

Veriffié en la Chambre des Comptes, & Cour des Aydes, le 8 May 1634.

A PARIS,

Chez PIERRE ROCOLET, au Palais, Imprimeur & Libraire de la Maison de Ville, aux Armes de la Ville.

M. DC. XXXIV.

EDIT DV ROY, PORTANT

alienation de quatre-vingts mil
liures de Rente, sur les Aydes.

OVYS par la grace
de Dieu, Roy de Fran-
ce, & de Nauarre : A
tous presens, & à ve-
nir, Salut. Le desir que nous auons
toujours eu de procurer à nos Sujets
de nostre bonne ville de Paris, tou-
tes sortes de commoditez, & ad-
uantages, nous auroit donné sujet

A ij

de créer par noſtre Edit du mois de Iuin dernier, cent Offices de Priuilegiez à vendre Vin, en noſtre-dite Ville & Fauxbours, ſur ce que nous aurions eſtimé que facilitant la vente, & débit du Vin, par nombre de perſonnes, ils le donneroient à meilleur prix à noſdits Sujets, qui par ce moyen en ſeroient ſoulagez : Mais depuis, ayant eſté recognu que tant s'en faut que ladite création leur apportaſt de l'aduantage, qu'au contraire le deſordre, & confuſion d'vn ſi grand nombre de Priuilegiez produiſoit des effets contraires à noſtre intention, & alloit ruyner noſtre Ferme des Aydes, s'il n'y eſtoit prómptement pourueu ; Nous aurions à la ſupplication du Fermier General

de noſdites Aydes, Maiſtre Eſtienne
Briois, & ſur les offres qu'il nous auroit faites d'augmenter le prix de ladite Ferme, de la ſomme de quatre-
vingts mil liures par chacun an, outre & pardeſſus le prix de ſon bail:
Par Arreſt de noſtre Conſeil, du 14.
iour du preſent mois, eſtaint & ſup-
primé leſdits cent Offices de Priuilegiez: Et pour ſatisfaire au rembourſement deſdits Offices, auquel
quant à preſent nous ne pouuons
pourueoir des deniers de noſtre Eſpargne; Nous aurions reſolu d'alie-
ner iuſques à quatre-vingts mil liures de Rente, de noſtre reuenu or-
dinaire, à prendre ſur ladite Ferme
Generale de nos Aydes, augmentée
de pareille ſomme, au moyen de la

A iij

dite suppreſsion , tant pour employer audit rembourſement, que pour ſuruenir aux grandes deſpenſes qu'il nous conuient faire pour la conſeruation de cét Eſtat; A CES CAVSES, ſçauoir faiſons, qu'apres auoir mis cette affaire en déliberation en noſtre Conſeil, où eſtoient aucuns Princes de noſtre Sang, pluſieurs Officiers de noſtre Couronne, & autres grands & notables Perſonnages: DE L'ADVIS d'iceluy, & de noſtre certaine ſcience, pleine puiſſance & autorité Royale, Nous auons par noſtre preſent Edit, perpetuel & irreuocable, dit, ſtatué & ordonné, diſons, ſtatuons & ordonnons, voulons & nous plaiſt, que par les Commiſſaires qui ſeront par

nous députez, il soit vendu & aliené
à nos chers & bien amez les Preuost
des Marchands & Escheuins de no-
stre-dite ville de Paris, iusques à la
somme de quatre-vingts mil liures
de rente, annuelle & perpetuelle, à
icelle auoir & prendre sur le reuenu
de la Ferme Generale de nos Aydes,
que nous auons dés à present declaré & declarons specialement &
réellement affectée, obligée, & ypo-
thequée au payement & continüa-
tion desdites rentes, sans que la generale déroge à la speciale, & la speciale à la generale, outre & par des-
sus les ventes & constitutions qui
ont esté faites, tant par nous, que les
Roys nos Predecesseurs, & sans préjudice toutesfois d'icelles : Desquels

quatre-vingts mil liures de rente
nous voulons & entendons les ventes & conſtitutions particulieres
eſtre faites par leſdits Preuoſt des
Marchands & Eſcheuins, à ceux de
nos Sujets, qui volontairement les
voudront acquerir, en payant en
deniers comptans le prix principal
deſdites rentes, à raiſon du denier
ſeize, dont les deniers ſeront reçeus
par Me François Petit, Receueur
General, & Payeur des rentes de
noſtre dite ville de Paris, aſſignées
ſur leſdites Aydes, pour eſtre par
luy mis és mains du Treſorier de
noſtre Eſpargne, qui les employera
au payement & rembourſement de
la finance deſdits cent Offices de
Cabaretiers & Priuilegiez à vendre
vin

Vin dans la Ville & Fauxbours de
Paris, ainſi qu'il luy ſera ordonné,
pour jouyr deſdites rentes par les
acquereurs d'icelles, leurs hoirs, ſuc-
ceſſeurs, & ayans cauſe, plainement
& paiſiblement, en faire & diſpoſer
comme de leur propre choſe, vray
& loyal acqueſt, en vertu des contrats deſdites conſtitutions qui leur
en ſeront faits & paſſez par leſdits
Preuoſt des Marchands & Eſcheuins, & en eſtre payez par chacun
an de quartier en quartier, par les
Receueurs & Payeurs des nouuelles
rentes, aſsignées ſur leſdites Aydes,
creez par Edit du mois de Mars, mil
ſix cents trente-deux, chacun en
l'année de ſon exercice, tout ainſi &
en la meſme forme que ſe payent les

B

nouuelles rentes, en vertu des quit-
táces des acquereurs que nous voulons estre passées & alloüées en la
despence des comptes desdits Receueurs & Payeurs, sans difficulté,
sás que lesdites rentes puissent estre
à l'aduenir retranchées & mode-
rées, pour quelque cause & occasió
que ce soit, ny les acquereurs d'icelles dépossedez, sinon en les rem-
boursant actuellement comptant,
& à vn seul payement, des sommes
contenuës esdits contrats, pourles-
quelles lesdites constitutions leur
auront esté faites, ensemble les arre-
rages qui leur en seront deubs lors
dudit rachapt, frais, & loyaux
cousts: Lesquels contrats de cons-
titution nous auons dés à present

validez & autorifez, validons & au-
torifons, comme s'ils eftoient faits
& paffez en noftre Confeil: Et d'au-
tant que les frais des comptes defdites nouuelles rentes augmentent, à
caufe de la preséte alienation, nous
auons reiglé les efpices d'icelles, ta-
xations, & entretenement de Com-
mis, frais, & redition defdits comptes, à la fomme de

de laquelle il fera fait fonds, outre
lefdits quatre-vingts mil liures do-
refnauant par chacun an, à com-
mencer du premier jour d'Auril
prochain, en la defpenfe de l'eftat
de noftre-dite Ferme Generale des
Aydes, pour eftre lefdites fommes
payées de quartier en quartier, &
des deniers de chacun d'iceux, par

B ij

les Fermiers & Adjudicataires d'i-
celles, aufdits Receueurs & Payeurs
defdites nouuelles Rentes, afsignées
fur les Aydes, qui les emploiront au
payement de celles de la prefente
conftitution, ainfi qu'il eft cy deuant
declaré : Et moyennant ce , nous
conformément audit Arreft du 14.
du prefent mois, auons lefdits Offices eftaints & fupprimez , eftai-
gnons & fupprimons par ces pre-
fentes, fans que cy apres il y puiffe
eftre pourueu en quelque forte que
ce foit. Voulós que les pourueus, ou
porteurs des prouifions & quittances de Fináce, & marc d'or d'iceux,
foient rembourfez des fommes y
contenuës, par le Treforier de noftre Efpargne, des deniers du fort

principal qui prouiendra de la vente & alienatió defdits quatre-vingts
mil liures de rente , à raifon du denier feize , fuiuant la liquidation qui
en fera faite en noftre Confeil , fans
qu'au préjudice dudit rembourfe-
ment, les deniers en puiffent eftre di-
uertis : Et rapportant par ledit Treforier de l'Efpargne lefdites prouifions & quittances defdits pourueus , ou porteurs d'icelles ; ce qui
leur aura efté ainfi payé , fera paffé
& allouë en la defpenfe du compte
dudit Efpargne, fans difficulté. S i
DONNONS EN MANDEMENT
à nos amez & feaux Confeillers les
Gens de nos Comptes , Cour des
Aydes à Paris , & autres nos Officiers qu'il appartiendra, que ces pre-

ſentes ils facent lire, regiſtrer, gar-
der , & obſeruer , & du contenu
jouyr & vſer plainement & paiſiblement les acquereurs deſdites
rentes, leurs hoirs, & ayans cauſe,
faiſans ceſſer tous troubles & em-
peſchements au contraire ; Car tel
eſt noſtre plaiſir. Et affin que ce ſoit
choſe ferme & ſtable à toujours,
nous auons fait mettre noſtre ſéel à
ceſdites preſentes, ſauf en autre choſe noſtre droict , & l'autruy en tout.
Donné à Chantilly au mois de
Mars , l'an de grace mil ſix cents
trente quatre. Et de noſtre regne
le vingt-quatriéme. Signé, LOVYS.
Et plus bas. Delomenie. Et ſéellé en
lacqs de ſoye du grand ſéel de cire
verte. Et au bas eſt eſcript.

Leu, publié, & regiſtré en la Chambre des Comptes, ouy le Procureur General du Roy, par le commandement,
de ſa Majeſté, porté par Monſieur le
Comte de Soiſſons, Grand Maiſtre de
France, Gouuerneur & ſon Lieute-
nant General en Dauphiné, venu ex-
prés en ladite Chambre, aſſiſté du ſieur
Duc de Chaulnes, & des ſieurs de
Leon & Tallon, Conſeillers és Conſeils
d'Eſtat & Priué, le huictiéme jour
de May, mil ſix cents trente-quatre.

Signé,

BOVRLON.

Leu, publié, & registré par le commandement du Roy, porté par Monsieur le Comte de Soissōs, assisté du sieur Marschal de Chaulnes, & des sieurs de Leon & Tallon, Conseillers au Conseil d'Estat de sa Majesté; ouy & ce requerant le Procureur General. A Paris, en la Cour des Aydes, les Chambres assemblées, le Lundy huictiéme jour de May, mil six cents trente-quatre.

BOVCHER.

www.ingramcontent.com/pod-product-compliance
Lightning Source LLC
LaVergne TN
LVHW020857200726
843508LV00003B/1222